तस्वीर का फेर

जापानी लोककथाएँ-1

तस्वीर का फेर

उनीता सच्चिदानन्द

राजकमल प्रकाशन

ISBN : 978-81-267-0613-6

मूल्य : ₹395

पहला संस्करण : 2002
पहली आवृत्ति : 2023

प्रकाशक : राजकमल प्रकाशन प्रा.लि.
1-बी, नेताजी सुभाष मार्ग, दरियागंज
नई दिल्ली-110 002
शाखाएँ : अशोक राजपथ, साइंस कॉलेज के सामने, पटना-800 006
पहली मंजिल, दरबारी बिल्डिंग, महात्मा गांधी मार्ग, प्रयागराज-211 001
वेबसाइट : www.rajkamalprakashan.com
ई-मेल : info@rajkamalprakashan.com

चित्र एवं आवरण साभार : जैपनीज पिक्टोरियल ऑफ जैपनीज कल्चर,
द सोल एंड हेरिटेज ऑफ जापान,
गाक्केन, निहोन नो मिन्वा, 2, 4, 7, 8, 9, केन्यू शुप्पान,
निहोन नो मुकाशी बानाशी (1-5) फुकुइनकान शोतेन,
मान्गा निहोन मुकाशी, कोदांशा

मुद्रक : बी.के. ऑफसेट
नवीन शाहदरा, दिल्ली-110 032

JAPANI LOKKATHAYEN-1
by Unita Sachidanand

दो शब्द

भारत और जापान के राजनयिक सम्बन्ध की इस स्वर्ण जयन्ती वर्ष में जापानी लोक साहित्य, बाल तथा आधुनिक साहित्य की इस श्रृंखला को भारतीय पाठकों को समर्पित करते हुए मुझे अपार हर्ष हो रहा है। इस श्रृंखला में 12 पुस्तकें प्रकाशित हो रही हैं। इनमें से दो पुस्तकें जापानी लोक कथाओं और तीन जापान के विशिष्ट बाल कथाकारों की चुनिंदा रचनाओं से सम्बन्ध रखती हैं।

इन पुस्तकों में मैंने नीइमी नानकिचि, हामादा हिरोसुके, त्सुबोता जोजी, मुशानोकोजी सानेआत्सु, ओगावा मिमेई और शिमाजाकी तोसोन जैसे दिग्गजों की रचनाओं को सम्मिलित किया है। दो और पुस्तकें अग्रणी समकालीन कथाकार ओका शूजो की बहुचर्चित पुस्तक 'बोकु नो ओनेसान' का अनुवाद है जिसे मैंने जापान की श्रीमती योशिको ओकागुची के साथ मिलकर सम्पन्न किया है।

आधुनिक एवं समकालीन जापानी साहित्य का अवलोकन अन्य पाँच संकलनों में आयोजित करने की चेष्टा की गई है। इनमें जहाँ कावाबाता यासुनारी की 'हथेली-भर कहानियाँ' हैं वहीं मियाजावा केन्जी, आवा नावाको और ओगावा मिमेई की फंतासी, आकुतागावा र्‍यूनोसुके का व्यंग्य, शिगा नाओया, आरिशिमा ताकेओ व मात्सुतानी मियोको की भावपूर्ण संवेदनात्मक रचनाएँ भी हैं।

जापान के आर्थिक और सामाजिक विकास की यात्रा, द्वितीय विश्व महायुद्ध के विध्वंसक परिणामों तथा पूँजीवादी प्रोद्योगिकीकरण से प्रभावित सामाजिक और आर्थिक हलचलों को संबोधित करते आबे कोबो, साता इनेको तथा हायाशी फुमिको की रचनाएँ एक अलग ही पहलू से हमारा साक्षात्कार कराएँगी। बारहवीं पुस्तक आधुनिक जापानी साहित्य और साहित्यकारों से भारतीय पाठकों का परिचय कराएँगी। उम्मीद है कि इन पुस्तकों के जरिए जापानी साहित्य की एक लघु यात्रा पाठकों को पसंद आएगी। पिछले पाँच वर्षों से मैं इस कार्य के सम्पादन में प्रयत्नशील रही हूँ। इस कोशिश में मेरा

हौसला बढ़ाते और हर पल सहयोग करते मेरे कई मित्रों का महत्त्वपूर्ण योगदान रहा है।

सर्वप्रथम मैं भारत में जापान के राजदूत श्री हिरोशी हीराबायाशी के प्रति अपना आभार प्रकट करना चाहती हूँ जिन्होंने इस कार्य के लिए मुझे प्रोत्साहित किया। जापान की संस्कृति व सूचना केन्द्र के निदेशक श्री मिनेमुरा, राजदूत के विशिष्ट अधिकारी कु. हिरोमी सातो और श्री शिनसुके जो स्वयं बखूबी हिन्दी भाषा और साहित्य की अच्छी जानकारी रखते हैं; जापान फाउण्डेशन के निदेशक श्री फुकाज़ावा एवं उपनिदेशक कोजी सातो का मैं धन्यवाद करना चाहूँगी जिनका सहयोग मुझे लगातार मिलता रहा।

इन पुस्तकों की पाण्डुलिपि की तैयारी के दौरान राजकमल प्रकाशन के श्री उपेन्द्र झा, श्री चेतन क्रान्ति, श्री नरेश कुमार शर्मा, श्री तपस सरकार, आकांक्षा कम्प्यूटर के श्री नारायण एवं जवाहरलाल नेहरू विश्वविद्यालय के पूर्व एशियाई अध्ययन केन्द्र के शोधछात्र श्री संदीप कु. मिश्र से मिला योगदान अविस्मरणीय है। लेकिन इस यात्रा में राजकमल प्रकाशन के निदेशक श्री अशोक कुमार महेश्वरी का एक अभूतपूर्व योगदान है जिसकी वजह से मेरी मेहनत सफल हो पाई है।

अंत में, मैं अपने पति डा. सच्चिदानन्द सिन्हा, पुत्री वरुणी और पुत्र सोहम के प्रति अपना आभार प्रकट करना चाहूँगी, जिन्होंने विगत पाँच वर्षों के दौरान मुझे न सिर्फ उपयुक्त माहौल प्रदान किया बल्कि घर-परिवार की जिम्मेदारी में मेरा हाथ बँटाया। उनके धैर्य के अनन्त भण्डार के बगैर यह कार्य मैं कदापित संपादि नहीं कर पाती।

उनीता सच्चिदानन्द
चीनी व जापानी अध्ययन विभाग
दिल्ली विश्वविद्यालय
दिल्ली

FOREWORD

Inquisitiveness has always been a basic human trait, with mankind constantly seeking to learn more and more about other civilizations and cultures. Each nation has its own unique culture and way of living, about which people in other countries are always curious to know. Literature is the medium that provides a window to other societies, by helping us to understand their thoughts and aspirations. But, sometimes difference in language acts as a barrier in this task. It is here that the significance of literary translations comes to the fore. Literary translations have performed an important role of promoting global cultural interaction since times immemorial, and will continue to do so in the future as well.

The year 2002 make the 50th anniversary of diplomatic relations between Japan and India, which were established in April 1952. These fifty years have seen our relationship grow into a multi-dimensional one, covering a diverse range of areas such as political, economic, defence, art and culture, etc. Today, the ties between Japan and India are deeper and larger than ever before, based on mutual understanding and respect for each other. While the past fifty years have been positive and productive, we would like the next fifty years to be more so, and look forward to fruitful and close relations between our two peoples in the coming decades.

Dr. Unita Sachidanand has played a significant role in the promotion of mutual understanding between the people of our two countries. Having dedicated herself to the cause of strengthening the ties between our two countries through mutual appreciation of literature, she has once again undertaken the commendable initiative of introducing Japanese literature to Indian readers in Hindi. In 1998, she has brought out three volumes of translated Japanese literature. This time, she brings out a set of twelve tiles to commemorate the Golden Jubilee of Japan-India Diplomatic Relations. These books cover a wide variety of Japanese literary genre — from folk tales to modern fantasies, satire, children's stories, and mainstream literature written by some of the finest Japanese writers of all times. She also records two narratives presented by the *katari*, be the tradition Japanese storytellers.

.Her selection is truly impressive and covers a wide spectrum of Japanese literature. In her collection, she has picked up representative stores from different periods in such a manner that they take the reader through a comprehensive literary journey of Japan. The first book contains some of the everlasting folk tales representing legends, myths and beliefs of Japan. These have been retold by the author in an absorbing style that would be liked by readers of all ages. The next three books carry an assortment of children's sotries specially written by some of the greatest literary craftsmen of Japan, such as Niimi Nankichi, Hamada Hirosuke, Shimazaki Toson, Mushanokoji Saneastsu, Tsubota Joji and Matsutani Miyoko. Though most of these authors belong to the mainstream of Japanese literature, the present selection includes those stores that these great writers have crafted specially for children. Japanese children virtually grow up with these stories, as some of these also find a place in most school textbooks in Japan.

I am particularly touched by the six stories by one of the contemporary Japanese authors, Oka Shuzo, profiling the life of the mentally and physically challenged persons. The compassion presented in these stories is a befitting tribute to the cause of such differently gifted persons. This book has received several awards such as the Akai Tori Award, Niimi Nankichi Award and Tsubota Joji Award, and has also been produced as a motion picture. This book is being brought out by Dr. Sachidanand in collaboration with Ms. Yoshiko Okaguchi of Japan, highlighting the need for such collaborative initiatives in this Golden Jubilee Year of Japan-India Friendship.

The collections included in two of the twelve titles have been largely devoted to fantasies created by Ogawa Mimei, Miyazawa Kenji and Awa Naoko. Four of the titles represent mainstream Japanese literature immaculately selected from the writings of influential authors such as Shiga Naoya, Akutagawa Ryunosuke, Arishima Takeo, Sata Ineko, Abe Kobo, Hayashi Fumiko, Matsutani Miyoko and last but not the least, an interesting collection of what is often referred to as the 'palm-sized stories' of Kawabata Yasunari, the first Japanese Noble laureate in literature. This volume of Kawabata's short stories has been translated by the students of Japanese literature in the University of Delhi, where Dr. Sachidanand teaches. I find it truly heart-warming that the translators and the editor have dedicated these stories to the long life of Japan-India Friendship in the true spirit and character of the 'palm-sized stories'. I congratulate the young scholars of Japanese language and literature for their commendable gesture.

In order to help the Indian readers appreciate the collection presented in these multi-volume anthologies of Japanese literature, Dr. Sachidanand aptly adds the twelfth one, which presents a lucid and comprehensive history of modern Japanese literature and its notable contributors. It is praiseworthy to note that the author traverses the entire gamut of Japanese literature from the Meiji period onwards, covering the contemporary trends in Japanese literature as well. She devotes a separate chapter highlighting the contribution of women authors in Japan.

I have great appreciation and admiration for all the efforts taken by Dr. Unita Sachidanand in preparation of these books, and would like to congratulate her and the publisher, Rajkamal Prakashan, for accomplishing such a magnificent task in this Golden Jubilee Year of Japan-India Diplomatic Relationship. I wish the author and the publisher an outstanding success in their current as well as future endeavours.

Hiroshi Hirabayashi
Ambassador of Japan to India

क्रम

तस्वीर का फेर

किसी गाँव में एक नौजवान अकेला रहता था। वह निहायत आलसी किस्म का था। सारा दिन सोया रहता। वह बहुत सारे खेतों का मालिक था, परन्तु उनमें हल न चलने की वजह से सारे-के-सारे खेत उजाड़ पड़े थे।

एक शाम जब अँधेरा हो चुका था, किसी ने नौजवान के घर के दरवाजे पर दस्तक दी। नौजवान ने दरवाजा खोला। देखा, एक खूबसूरत युवती बाहर

खड़ी थी।

"मैं पास के गाँव जा रही थी, परन्तु रात हो चली है, इसलिए क्या मुझे आपके यहाँ रात गुज़ारने की जगह मिल सकती है?" युवती ने आग्रह किया।

"मैं यहाँ अकेले रहता हूँ। तुम्हें कैसे ठहरा सकता हूँ?" नौजवान ने अपनी विवशता जाहिर की।

"कोई बात नहीं। बस घर के किसी एक कोने में थोड़ी-सी जगह मिल जाए, तो बड़ी कृपा होगी।" युवती ने पुनः विनती की।

"अगर तुम्हें कोई आपत्ति न हो तो मुझे कोई एतराज नहीं।" नौजवान बोला।

अगले दिन नौजवान की आँखें खुलीं तो देखा, वह युवती पूरे घर और आँगन की सफाई करने के बाद, नाश्ता बना रही थी।

दोनों ने मिलकर नाश्ता खाया और फिर दोपहर का भोजन।

नौजवान यह देखकर हैरान था कि वह युवती वहाँ से जाने का नाम न ले रही थी। इस तरह दो दिन बीते, फिर तीन दिन। चौथे दिन उस युवती ने नौजवान से कहा, "तुम इस घर में अकेले रहते हो। मेरा भी इस दुनिया में कोई नहीं। क्या तुम मुझे अपनी पत्नी बना सकते हो?"

नौजवान मन-ही-मन खुश हुआ और बोला, "तुम

जैसी सुन्दर कन्या को जीवन-संगिनी बनाने से भला कौन इनकार कर सकता है!"

दोनों ने ब्याह रचाया। नई नवेली दुलहन ने पूरे घर का काम-काज सँभाल लिया। वह दिन-भर मेहनत करने लगी। बस, उसे कोई दुःख था तो अपने पति के आलसीपन का। वह बिना काम किए सारे दिन घर में पड़ा रहता था।

बसन्त ऋतु आई तो पत्नी ने नौजवान से कहा, "देखो, खेतों में अनाज बोने का समय आ गया। इस तरह तुम्हारे घर में पड़े रहने से कैसे काम चलेगा? मेरी मानो और खेतों को जोतकर कुछ अनाज बो डालो। हमारे इतने सारे खेत सूखे पड़े हैं।"

"अच्छा, तुम कहती हो तो ठीक है, खेत पर जाता हूँ।"

नौजवान रोज खेत पर जाने लगा और मन लगाकर मेहनत करने लगा, पर यह सिलसिला केवल पाँच-छः दिन ही चला। सातवें दिन वह जल्दी ही घर लौट आया। इसी तरह आठवें दिन भी और नौवें दिन भी।

पत्नी ने नौजवान से जल्दी घर आने का कारण पूछा, तो नौजवान ने जवाब दिया, "क्या करूँ, अकेला खेत में मेरा मन नहीं लगता। हर वक्त तुम्हारी याद आती है। इसलिए तुम्हारी शक्ल देखने वापस घर

चला आता हूँ।''

पत्नी ने झट-पट एक कागज पर अपनी तसवीर बनाई और पति को पकड़ाते हुए कहा, ''खेत में अगर मेरी शक्ल देखने का मन करे तो इसे देख लिया करना।''

अगले दिन नौजवान ने वह तस्वीर थैले में रखी और खुशी-खुशी खेतों की ओर चल पड़ा।

खेत में थोड़ी देर काम करने के बाद जैसे ही वह नौजवान थोड़ा सुस्ताने बैठा तो पत्नी की तस्वीर याद आ गई। वह तस्वीर को देखकर मुस्कराता हुआ फिर

से मुस्तैदी के साथ काम करने लगा। इसी तरह नौजवान रोज खेत पर जाता, पत्नी की तस्वीर देखता

और फिर काम में जुट जाता।

एक दिन नौजवान खेत में पत्नी की तस्वीर निकालकर देख ही रहा था कि ज़ोरों की आँधी आई और वह तस्वीर को अपने साथ उड़ा ले गई। नौजवान तस्वीर के पीछे.पीछे भागा लेकिन देखते ही देखते तस्वीर आँखों से ओझल हो गई। नौजवान निराश होकर घर लौट आया।

कुछ दिनों के बाद सामन्त का एक सिपाही आँधी में उड़ी वही तस्वीर हाथ में लिए पूछताछ करने गाँव में पहुँचा।

''क्या यह सुन्दर औरत इसी गाँव में रहती है?'' पूछते-पूछते उसे पता चल गया कि वह उसी नौजवान की पत्नी है।

वह उस नौजवान के पास पहुँचा और कहा, ''तुम्हारी पत्नी इस घर में रहने लायक नहीं। वह इतनी खूबसूरत है कि उसे तो किसी राजा के पास रहना चाहिए। इसीलिए, हमें आदेश है कि हम उसे यहाँ के सामन्त के पास ले जाएँ।''

पत्नी यह खबर सुनकर रोने-बिलखने लगी; परन्तु सिपाही ने एक न सुनी। हार मानकर पत्नी को नौजवान का घर छोड़ना पड़ा; परन्तु घर से बाहर जाने से पहले उसने पति को आड़ू का बीज थमाया और कहा, ''इसे खेत में बो देना। फिर जब आड़ू के

फल पक जाएँ तो सामन्त के महल में उन्हें बेचने आना। मैं तुम्हारी आवाज सुनकर तुम्हें महल के अन्दर बुला लूँगी।''

पत्नी के जाने के बाद नौजवान ने वैसा ही किया, जैसा पत्नी ने बताया था।

एक साल बीता, दो साल और फिर तीन साल। अब पेड़ पर मीठे-मीठे आड़ू पक आए थे। नौजवान की खुशी का ठिकाना न रहा। वह तुरन्त आड़ू बेचने वाला बन सामन्त के महल की ओर निकल पड़ा।

महल के पास पहुँचते ही वह जोर-जोर से आवाज देने लगा, ''आड़ूवाला, आड़ू। आड़ू ले लो...... मीठे आड़ू......पके आड़ू...... आ...... डू...... वा..... ला......!''

यह आवाज सुनते ही सामन्त के महल के अन्दर नौजवान की पत्नी समझ गई कि उसका पति आ गया है। उसने सामन्त से कहा, ''आड़ू वाले को अन्दर ले आइए। मैं आड़ू खरीदना चाहती हूँ।''

सामन्त पत्नी की बात टाल न सका। आखिर जब से वह आई थी, आज पहली बार उसने सामन्त से कुछ बात की थी। सामन्त आड़ू बेचने वाले को अन्दर ले आया। पति को आड़ू बेचने वाले की वेशभूषा में पत्नी खुशी के मारे फूले न समाई। वह उसे देख मुस्कराई। पत्नी को मुस्कराते देख सामन्त बहुत खुश हुआ।

तभी पत्नी ने सामन्त से कहा, ''मैं चाहती हूँ कि तुम आड़ू वाले के कपड़े पहन लो और आड़ू वाला तुम्हारे।''

सामन्त पत्नी को खुश देख उसकी इस बात को भी न टाल सका।

पत्नी के कहे के अनुसार उसने अपने कपड़े आड़ू वाले को पहनाए और खुद आड़ू वाले के कपड़े पहन लिए।

नौजवान सामन्त के कपड़े पहन पत्नी के पास जाकर बैठा तो वह ताली बजा-बजाकर अपनी खुशी जाहिर करने लगी। यह देख सामन्त को अत्यधिक प्रसन्नता हुई।

वह पत्नी को और खुश देखना चाहता था इसलिए उसे हँसाने के लिए वह आड़ू की टोकरी सिर पर रख 'आड़ू...आड़ूवाला...' की आवाज लगाने लगा। ऐसा करने में वह इतना खो गया कि महल के फाटक के बाहर तक आ गया। बस, अब क्या था! पत्नी ने मौका पाते ही सैनिकों से फाटक बन्द करवा दिया।

बेचारा सामन्त फिर कभी भी महल के अन्दर न घुस सका।

तस्वीर के हेर-फेर से नौजवान की तकदीर ही बदल गई।

नदी में देवता

किसी समय एक पहाड़ पर नटखट बन्दरों का झुंड रहता था। वे दिन भर पास के गाँव वालों को तंग करते रहते थे।

उसी गाँव में एक बूढ़ा-बुढ़िया रहते थे। बन्दरों ने उनके खेतों को ही अपना पहला निशाना बना रखा था। बन्दरों ने बुज़ुर्ग दंपती की नाक में दम कर रखा था।

इस साल भी जब फसल पकने को आई, तो बन्दरों

ने अपनी हरकतें शुरू कर दीं। यह देख बुढ़िया अपने पति से बोली, "देखो, बन्दरों की शरारत फिर से शुरू हो गई है। इससे तो हमारी सारी मेहनत ही मिट्टी में मिल जाएगी। हमें कोई उपाय सोचना चाहिए ताकि हमारे लहलहाते खेत बरबाद होने से बच जाएँ।"

उस रात बूढ़ा सो नहीं पाया। वह इसी उधेड़बुन में था कि किस तरह बन्दरों से फसल को बचाया जाए!

दूसरे दिन वह तड़के ही उठ बैठा। वह एक तरकीब सोचने में कामयाब हो गया। उसने अपनी पत्नी से कहा, "बन्दर चाहे कितने भी शैतान क्यों न हों, पर 'जिजो देवता' (बच्चों की रक्षा करनेवाला देवता) के सामने शान्त ही रहते हैं। इसलिए मैं जिजो देवता का रूप धारण कर उनके सामने जाऊँगा। हो सकता है, वे अपनी शैतानियों से बाज आ जाएँ!"

"लेकिन ऐसा करने से कहीं देवता हमसे नाराज न हो जाएँ!" बुढ़िया बोली।

"नहीं, हम यह सब फसल बचाने के लिए कर रहे हैं, इसलिए ऐसा कुछ नहीं होगा।" बूढ़ा बोला।

अगले दिन पौ फटने से पहले ही बूढ़े ने अपने शरीर में राख मली, फिर खेत में रखे पत्थर के ऊपर मूर्ति की तरह चुपचाप खड़ा हो गया। थोड़ी देर बाद रोज की तरह आज भी बन्दर वहाँ आ धमके। वे

जिजो देवता बने बूढ़े के चारों ओर घेरा बनाए उसे गौर से देखने लगे।

"रात ही रात में यहाँ जिजो देवता न मालूम कहाँ से आ गए!" एक बन्दर बोला।

"हाँ, रंग और बनावट में मूर्ति तो बहुत सुंदर है!" दूसरा बोला।

"यहाँ यह मूर्ति शोभा नहीं देती। चलो, इसे पहाड़ी के मन्दिर में रख आते हैं!" बन्दरों का मुखिया बोला।

मुखिया का आदेश पाते ही बन्दरों ने पत्थर पर खड़े जिजो देवता रूपी बूढ़े को उठाया और मन्दिर की ओर चल पड़े ।

बन्दरों की यह हरकत बूढ़े को अटपटी लगी; परन्तु

वह लाचार था। चुपचाप बिना हिले-डुले बुत जैसा ही बना रहा।

"देखो, जिजो देवता को कोई तकलीफ न हो!" मुखिया ने दल के बन्दरों को चेतावनी दी।

"देखो, कहीं वह गिर न पडे!" किसी दूसरे ने भी सावधान किया।

थोड़ी देर बाद बन्दर मूर्ति को आराम से उठाए वहाँ आ पहुँचे, जहाँ आगे नदी थी। बन्दर बड़ी होशियारी से जिजो देवता को उठाए नदी में उतर पड़े।

मुखिया बोला, "तुम लोग भले ही नदी में डूब जाओ, परन्तु जिजो देवता को सावधानी से नदी पार कराना है।"

जिजो देवता की मूर्ति को इस तरह नदी पार कराने में बन्दरों को भी मजा आ रहा था। मारे खुशी के वे गाना गाने लगे। गाने के बोल इतने मजेदार थे कि बूढ़े ने बड़ी मुश्किल से अपनी हँसी रोकी। तभी मूर्ति नदी की लहरों के साथ एक ओर झुकने लगी।

मुखिया चिल्लाया, "देखो, कहीं मूर्ति गिर न जाए! इसको सीधा रखो!"

बन्दरों ने मूर्ति को सीधा करने की लाख कोशिश की, लेकिन कुछ फायदा न हुआ।

यह देख मुखिया ने मोहरों की दो पेटियाँ मँगवाईं। दो तरफ से पेटियाँ लगने के बाद मूर्ति एकदम सीधी

हो गई।

बन्दरों की होशियारी देख बूढ़ा मन-ही-मन खुश तो था ही लेकिन जब उसने जिजो देवता के प्रति उनकी श्रद्धा देखी, तो वह भाव-विह्वल हो उठा।

कुछ ही समय में हँसते-गाते बन्दरों ने जिजो देवता को नदी पार करवाने के बाद पहाड़ी के ऊपर स्थित मन्दिर भी पहुँच गए। बन्दरों ने वहाँ मूर्ति को स्थापित कर दिया और फिर साथ में लाए मोहरों की पेटियाँ, ताजे फल, सब्जियाँ आदि भेंट में चढ़ा दीं। भेंट चढ़ाने के बाद सबने देवता को सिर झुकाकर प्रणाम किया और वापस लौट आए।

अपने सामने अपने ही खेत की फल-सब्जियाँ चढ़ा देख, बूढ़े को बहुत गुस्सा आया, लेकिन बन्दरों के भोलेपन और श्रद्धा का ध्यान आते ही उसका मन पिघल गया।

शाम हुई तो बूढ़े ने भेंट की दो पेटियाँ उठाईं और घर की ओर चल पड़ा।

घर पर उसकी पत्नी बेसब्री से उसका इन्तजार कर रही थी।

घर पहुँचने पर बूढ़े ने बुढ़िया को आपबीती सुनाई और मोहरों की पेटियाँ उसकी ओर बढ़ा दीं। ढेर सारी मोहरें पाकर वे हैरान थे। तभी पड़ोस की बुढ़िया वहाँ आ पहुँची। इतना धन देख उस बुढ़िया की आँखें फटी

की फटी रह गईं। लालची बुढ़िया ने बातों-ही-बातों में जिजो देवता बननेवाली बात का भेद भी मालूम कर लिया।

उसने घर लौटकर पति को सारी बात बताई। उसे भी देवता का रूप धारण करने के लिए उकसाया। बूढ़ा बोला, "नेक काम में देरी कैसी! मैं अभी बन जाता हूँ जिजो देवता।"

बूढ़े ने फटाफट कपड़े उतारे और लंगोट पहनी। बुढ़िया ने उसके बदन पर राख मल दी। बस, क्या था, एक और जिजो देवता तैयार!

जिजो देवता बना बूढ़ा खेत की ओर जाते हुए अपनी पत्नी से बोला, "तुम़ फिक्र न करो, मैं आज पड़ोसी से भी ज्यादा मोहरें लेकर लौटूँगा। बस, तुम मेरा घर बैठे इन्तजार करना।"

बूढ़ा अपने खेत में मूर्ति की तरह खड़ा बन्दरों का बेसब्री से इन्तजार करने लगा। थोड़ी देर बाद बन्दर भी अपनी टोली के साथ आ धमके। जिजो देवता को वहाँ देख वे हैरानी से बोले, "अरे, जिजो देवता को यहाँ फिर कौन ले आया? चलो, जिजो देवता को फिर से मन्दिर में स्थापित कर आते हैं।"

बन्दरों ने मूर्ति से बने धूर्त बूढ़े को होशियारी से उठाया और मन्दिर की ओर चल पड़े।

नदी पार करने के लिए अभी बन्दर नदी में घुसे

ही थे कि बूढ़ा एक तरफ झुक गया। बन्दरों ने मोहरों की दो पेटियों को आसपास लगाया। कुछ देर बाद बूढ़ा फिर दूसरी तरफ झुक गया। बन्दरों ने फिर मोहरों की दो पेटियाँ लगाईं। कुछ देर बाद बूढ़ा फिर एक तरफ झुक गया। बन्दरों ने मोहरों की कुछ और पेटियाँ लगाकर मूर्ति को सीधा किया, परंतु लालची बूढ़ा कहाँ मानने वाला था। वह जान-बूझकर कभी एक तरफ झुक जाता तो कभी दूसरी तरफ। इस तरह झुका-झुकी में ढेर सारी पेटियाँ बूढ़े के चारों ओर लग गईं। धूर्त बूढ़े से बेखबर बन्दर मस्ती में फिर से गाना गाने लगे।

बूढ़े को बन्दरों का गाना इतना अच्छा लगा कि वह 'हा-हा-हा' कर हँसने लगा। लेकिन बूढ़े को अपनी गलती का अहसास होते ही उसने फिर से चुप्पी साध ली, कितु हँसी के स्वर बन्दरों के कानों में भी पड़ चुके थे।

बन्दर रुक गए। एक बन्दर ने पेड़ की टहनी से जिजो की नाक को खुजलाया। बूढ़ा लाख कोशिश करने पर भी छींक न रोक पाया। वह जोर-जोर से छींक मारने लगा। बन्दरों को पता चल गया कि यह जिजो देवता की मूर्ति नहीं, बल्कि मनुष्य है। बन्दरों को यह भी समझ में आ गया कि मोहरों के लालच में यह आदमी बार-बार जिजो देवता बनकर उन्हें ठग

रहा था। यह सोचते ही वे आग बबूला हो गए और बूढ़े को डंडों से मारने लगे। जब वे मारते-मारते थक गए, तो बूढ़े को नदी के बीचोबीच छोड़ वापस लौट आए।

बेचारा बूढ़ा नदी में रोता-चिल्लाता रहा, परन्तु वहाँ उसकी पुकार सुनने वाला कोई न था।

बुढ़िया घर पर बेसब्री से बूढ़े की राह देख रही थी। वह सोच रही थी – 'अब मेरा पति ढेर सारी मोहरों के साथ आता ही होगा।'

लेकिन यह क्या! आधी रात को जब बूढ़ा रोते-बिलखते घर पहुँचा, तो उसका शरीर जख्मों से भरा था। मायूस बुढ़िया से कुछ कहते न बना।

छाए बादल

स्वर्ग में भगवान सुसानोओ नो मिकोतो अपनी बहन आमातेरासू को हमेशा तंग करते रहते थे। उनकी इस हरकत से तंग आकर उन्हें धरती पर भेज दिया गया। धरती पर वह इजुमो प्रांत की हीनोकावा नदी के किनारे उतरे।

उनके सामने समस्या थी कि अब क्या किया जाए! इसी सोच में डूबे वह नदी की लहरों को देख रहे थे।

तभी अचानक उन्हें नदी में बहता हुआ एक कटोरा

नज़र आया। सुसानोओ के चेहरे पर खुशी की लहर दौड़ आई। वह मन-ही-मन बुदबुदाए – 'इस नदी के आसपास जरूर मनुष्य रहते हैं।'

यह सोच ही रहे थे कि किसी मनुष्य के रोने की आवाज उनके कानों में पड़ी। सुसानोओ ने तेजी से अपने कदम उस ओर बढ़ाए।

कुछ देर चलने के बाद उन्हें एक घर दिखाई दिया। वहाँ पहुँचकर उन्होंने घर के दरवाजे पर दस्तक दी, परन्तु किसी ने भी दरवाजा नहीं खोला। बस, रह-रहकर रोने की आवाज सुनाई देती रही। बेचैन सुसानोओ ने खिड़की से झाँककर देखा, अंदर एक बुजुर्ग दंपती अपनी खूबसूरत बेटी को सीने से लगाए, सुबक-सुबककर रो रहे थे।

यह देखकर भगवान दुखी होकर बोले, "अरे भई, आखिर तुम लोग इस तरह क्यों रो रहे हो?"

"हम लोग इस जगह के निवासी भगवान ओयामात्मुसी के रिश्तेदार हैं। पिछले सात सालों से हम एक विकट समस्या से घिरे हुए हैं। उत्तर दिशा के पहाड़ से हर साल आठ मुँह वाला एक विशालकाय नाग यहाँ आता है और हमारी एक सन्तान को निगल जाता है। इस तरह अब तक वह हमारी सात सन्तानों को निगल चुका है। अब आखिरी सन्तान बची है। अब फिर उस भयंकर नाग के आने का वक्त आ गया है।

वह किसी भी समय यहाँ आ सकता है। फिर हमें अपनी आखिरी संतान से भी हाथ धोना पड़ेगा।'' बूढ़े ने रोते हुए कहा।

बुजुर्ग दंपती की हालत देख सुसानोओ का दिल पिघल गया। उन्होंने नाग के बारे में बूढ़े से पूछा।

''आठ सिर वाले नाग का शरीर विशाल है। आसपास की आठों घाटियों को वह अपनी पूँछ से घेर सकता है। वह जिस पहाड़ पर रहता है, वहाँ केदार और चीड़ के पेड़ हैं और उनके ऊपर हमेशा बादल छाए रहते हैं। उस नाग का शरीर हमेशा खून से लथपथ रहता है।'' बूढ़े ने बताया।

''अब आपको फिक्र करने की कोई जरूरत नहीं।

मैं उसका अन्त कर दूँगा।"

"तुम उसका अंत कर दोगे?" बूढ़े को जैसे कानों पर विश्वास न हुआ।

"हाँ; अब आप लोग बेफिक्र हो जाइए। बस, एक शर्त है कि अगर मैं उसे मारने में कामयाब हो गया, तो उसके बदले में आपको अपनी बेटी की शादी मुझसे करनी होगी।" सुसानोओ बोले।

भगवान सुसानोओ का इतना कहना था कि बूढ़े ने झट से कहा, "हाँ, हाँ; इसमें हमें कोई आपत्ति नहीं, परन्तु आप अपना परिचय तो हमें दीजिए।"

"मेरा नाम सुसानोओ है। मैं सूर्य आमातेरासू का भाई हूँ। अभी थोड़ी देर पहले ही मैं स्वर्ग से धरती पर उतरा हूँ।"

यह सुन, बुजुर्ग ने श्रद्धापूर्वक सिर झुकाते हुए कहा, "हमें माफ करना भगवन! हम आपको पहचान नहीं पाए। यह हमारा सौभाग्य है कि आप हमारे घर पधारे।"

"अच्छा, तो फिर जैसा मैं कहता हूँ, उसी तरह तैयारी शुरू कर दीजिए।" सुसानोओ ने आदेश देते हुए कहा।

भगवान के कहे अनुसार बूढ़े ने घर के चारों ओर एक मजबूत बाड़ बनाई। वहाँ आठ घड़ों में दूध भरकर रख दिया, जिनमें जहर मिला था।

नाग को मारने की पूरी तैयारी करने के बाद सुसानोओ ने अपनी शक्ति से आखिरी बची कन्या कुशिना को बालों की पिन में बदल दिया, फिर उसे बालों में लगा लिया। एक पेड़ के पीछ छिप, नाग के आने की प्रतीक्षा करने लगे।

तभी अचानक आस-पास अँधेरा-सा होने लगा। पेड़ों के पत्तों की साँय-साँय के साथ वातावरण में एक अजीब-सी गंध फैल गई। थोड़ी ही देर में अँधेरा घनघोर हो चला। यह देख, बूढ़े दंपती थर-थर काँपते हुए बोले, "बस, हो गया उस नाग के आने का वक्त।"

तभी अँधेरे के बीच दूर से आग के गोले चमकते दिखाई दिए। ये आग के सोलह गोले थे। असल में ये आग के गोले नहीं, बल्कि उस भयानक नाग की भभकती आँखें थीं। आखिरकार तेज गड़गड़ाहट के साथ आठ मुँह वाला नाग पहुँच ही गया।

घर के नजदीक पहुँचते ही नाग व्याकुलता और गुस्से में तेजी के साथ बाड़ के अन्दर घुसा। शायद दूध की खुशबू उसे पहले ही लग चुकी थी। जल्दी से उसने अपने आठों मुँह घड़ों में डाले। पलक झपकते ही वह पूरा दूध गटागट पी गया। बस, फिर क्या था! विकराल नाग भारी गर्जन के साथ धरती पर लोटने लगा।

सुसानोओ को तो जैसे इसी का इन्तजार था। उन्होंने अपनी कमर से तलवार निकाली और धरती पर पड़े नाग पर वार करने लगे। देखते ही देखते नाग का शरीर लहूलुहान हो गया। वार करते-करते सुसानोओ जब पूँछ तक पहुँचे, तो तलवार से किसी वस्तु के टकराने की आवाज हुई। वह जोर-जोर से वार करने लगे। थोड़ी देर बाद नाग की पूँछ से धुआँ निकलने लगा। अंत में सुसानोओ को विकराल नाग की पूँछ से एक खूबसूरत तलवार हासिल हुई।

सुसानोओ ने उसे अपने हाथ में लिया। वह बोले, "बड़ी लुभावनी तलवार है। इसमें जरूर कोई दैवी शक्ति है। यही वजह है कि यहाँ के पहाड़ों में हमेशा बादल छाए रहते हैं।"

नाग को मारने के बाद, सुसानोओ की शादी बूढ़े दंपती की आखिरी सन्तान कुशिना से हो गई। सुसानोओ ने इजुमो नो कूनी का राज्य सँभाला।

कुछ दिन बाद सुसानोओ ने तलवार अपनी बहन आमातेरासू को भेंट कर दी।

कहते हैं, वहाँ तलवार की वजह से बादल छाए रहते थे। इसीलिए इस जगह का नाम भी इजुमो (बादल छाए रहना) पड़ा। यह तलवार बाद में जापान की तीन पारम्परिक धरोहरों में से एक मुख्य धरोहर बनी। वे तीन धरोहर हैं—आभूषण, आईना एवं तलवार।

तानाबाता

जापान के एक गाँव में मिकेरान नामक एक कुम्हार रहता था। वह मिट्टी से तरह-तरह के बरतन बनाकर गाँव-गाँव और शहर-शहर में बेचकर अपना गुजारा करता था। ऐसे ही एक दिन मिकेरान बरतन बेचने एक गाँव की ओर निकल पड़ा। पहाड़ों के बीच से गुजर रहा था कि उसने देखा, एक पेड़ पर सुन्दर-सुन्दर पोशाकें लटक रही थीं।

पास ही एक झील थी, जिसमें पाँच-छह परियाँ नहा

रही थीं। मिकेरान को यह समझते देर न लगी कि पोशाकें उन्हीं परियों की थीं।

पोशाकें इतनी खूबसूरत और आकर्षक थीं कि उनको हासिल करने के लिए मिकेरान का दिल मचलने लगा। आखिर एक पोशाक चुपके से अपने झोले में डाल, वह वहाँ से चलता बना।

पूरे दिन मिकेरान बरतन बेचता रहा, परन्तु न मालूम क्यों आज उसका मन काम में बिलकुल नहीं लगा। एक अद्‌भुत चीज जो उसके थैले में थी!

मिकेरान के हृदय में एक अजीब उमंग घर किए हुए थी। शाम हुई तो वह तेज कदमों से घर की ओर लौटने लगा। झील के पास से जब गुजरा तो किसी के सुबक-सुबककर रोने की आवाज कानों में पड़ी। उसके कदम रुक गए। एक खूबसूरत युवती झील की ओर मुँह किए बैठी रो रही थी।

"तुम क्यों रो रही हो?" उसने पूछा।

"मैं अपनी सहेलियों के साथ झील में नहा रही थी। इस बीच न मालूम कैसे मेरी पोशाक गायब हो गई। मेरी सहेलियों ने बहुत ढूँढ़ा, परन्तु वह न मिली। इस वजह से मैं परीलोक नहीं जा सकी। सहेलियों ने मुझे यहीं छोड़ दिया..." यह कहते हुए वह फूट-फूटकर रोने लगी।

मिकेरान के दिल में एक बार आया कि वह पोशाक

लौटा दे, परन्तु वह परी की सुंदरता पर मोहित हो गया था। पोशाक की बात को राज़ रखना ही ठीक समझ, उसने उसके सामने शादी का प्रस्ताव रख दिया।

उस लड़की का नाम तानाबाता था। मिकेरान से शादी कर, वह खुशी से दिन बिताने लगी। उन दोनों के एक बेटा हुआ। अब तो बेटे की देखभाल में तानाबाता बहुत ही व्यस्त रहने लगी। घर की सफाई के लिए भी उसके पास वक्त नहीं बचता था।

एक दिन फुर्सत पा, तानाबाता जब घर की सफाई कर रही थी, तो अचानक उसकी नजर एक अनोखी चीज पर पड़ी। वह अनोखी वस्तु कुछ और नहीं, एक पोटली थी जो धूल और गंदगी से काली हो चली थी।

तानाबाता की उत्सुकता बढ़ी। उसने पोटली खोलकर देखी।

'यह क्या। इसके अन्दर तो मेरी पोशाक है!' अपनी पोशाक देखकर तानाबाता हक्की-बक्की रह गई। उसे अब पता चल गया कि सारी शरारत मिकेरान की थी।

इतने दिनों के बाद मिली पोशाक उसने झट सीने से लगाई। उसे पता भी न चला कि कब उसकी आँखों से आँसू छलकने लगे। अपना देश, माता-पिता और सहेलियाँ – सब उसकी आँखों के सामने घूमने लगे। जल्दी से उसने अपनी पोशाक पहनी। अब तो

तानाबाता पूरी तरह परी में बदल चुकी थी।

बच्चे को उठा, वह आसमान में उड़ने को ही थी कि पीछे से मिकेरान चिल्लाया, "मुझे छोड़कर मत जाओ! मैं तुम्हारे बिना नहीं रह पाऊँगा!"

"मिकेरान, मुझे अब लौटना होगा। अगर तुम सच्चे दिल से मुझे चाहते हो, तो तुम्हें परीलोक में आना होगा। उसका एक तरीका है। तुम पुआल की हजार चप्पलें बना, बाँस के नीचे गाड़ दो। अगर हमारा प्यार सच्चा हुआ, तो हम जरूर फिर से मिल जाएँगे। मैं तुम्हारा इन्तजार करूँगी..." यह कह तानाबाता बच्चे को ले, आकाश की ओर उड़ती चली गई।

अब तो मिकेरान को एक ही धुन थी। सब कुछ छोड़-छाड़, वह पुआल की चप्पलें बनाने लगा। उसे न खाने की सुध थी, न सोने की। बस, चुपचाप चप्पलें बनाता और बार-बार उन्हें गिनता।

वह तानाबाता से मिलने को इतना बेचैन था कि उसने केवल नौ सौ निन्यानबे चप्पलें ही बनाईं। फिर जल्दी से बाँस के नीचे जाकर गाड़ दीं। मिकेरान ने जैसे ही चप्पलों को गाड़ा, बाँस का पौधा तेजी से बढ़ने लगा। देखते-ही-देखते वह आसमान तक पहुँच गया। कुदाल को झट से एक ओर फेंक, मिकेरान बाँस पर चढ़ने लगा। पल भर में उसने बाँस की ऊँचाई तय कर ली।

मिकेरान एकटक आकाश की ओर देखता रहा। उसकी आँखों से आँसू टपक रहे थे, परन्तु आसमान में पहुँचने के लिए अभी थोड़ी कसर बाकी रह गई थी। हजार की जगह पर, नौ सौ निन्यानबे चप्पलें जो बनी थीं!

मिकेरान को अपनी गलती का अहसास हुआ। छटपटाते हुए वह अपने हाथ-पाँव इधर-उधर मार रहा था कि उसके मुँह से एक चीख निकल गई, "तानाबाता!"

तानाबाता उस वक्त आकाश में चरखा चला रही थी।

अपना नाम सुनते ही उसने आकाश के नीचे अपने पति को हाथ-पाँव इधर-उधर मारते देखा।

झट से तानाबाता ने अपना हाथ बढ़ाया और मिकेरान को अपनी ओर खींच लिया। दोनों एक-दूसरे से मिलकर भावविभोर हो गए। दिन भर दोनों ने जी भर बातें कीं।

तानाबाता आकाश में अपने पिता के साथ रहती थी। पिता बहुत कठोर स्वभाव के थे। उन्हें जब यह पता चला कि मिकेरान तानाबाता का पति है, तो पिता का चेहरा तमतमा उठा।

उन्होंने मिकेरान की ओर मुड़कर कहा, "अगर तुम मेरी बेटी के साथ जीवन बसर करना चाहते हो, तो

तुम्हें तीन परीक्षाओं से गुजरना होगा और उनमें खरा उतरना होगा।''

''तानाबाता को हासिल करने के लिए मैं कुछ भी करने को तैयार हूँ। आप अपनी शर्तें बताइए।'' मिकेरान दृढ़ता के साथ बोला।

''अच्छा, तो लो यह बाजरे के बीजों से भरी बोरी। इन्हें बोकर दिखाओ।''

दूसरे दिन कड़ी धूप में मिकेरान दिन भर बीज बोता रहा। शाम को बोना खत्म हुआ, तो वह खुशी-खुशी ससुर को बताने गया।

परन्तु यह क्या! वे खुश होने की बजाय जोर से चिल्लाए, ''अरे मूर्ख, तुमने तो उन्हें मैदान में बो दिया। वे तो धान के खेत में बोने थे। जाओ, और अपनी गलती सुधारो।''

बेचारा मिकेरान सिर पकड़कर बैठ गया। उसे समझ में नहीं आ रहा था कि वह क्या करे। तभी एक आश्चर्यजनक घटना घटी। न जाने कहाँ से हजारों कबूतर आ धमके। बाजरे के एक-एक दाने को चुग, कबूतरों ने बीज धान के खेत में बो दिया। यह आश्चर्य देख, मिकेरान फूला न समाया; किन्तु कठोर ससुर का हृदय अभी भी न पिघला। वह मिकेरान की सफलता पर और चिढ़ गया।

अब बारी थी आखिरी शर्त की। इस बार मिकेरान

को बिना खाए-पिए एक सप्ताह तक कड़ी धूप में तरबूज के खेतों की रखवाली करने का काम सौंपा गया था। काम कठिन था, लेकिन मिकेरान का निश्चय भी कोई कम मजबूत न था। मुस्तैदी से वह तरबूज के खेत की रखवाली करने लगा। कड़ी धूप, न खाना, न पानी। दो दिन ऐसे ही गुजर गए। तीसरे दिन, मिकेरान प्यास के मारे बेहाल था। जब तीखी धूप और बर्दाश्त न कर पाया, तो एक तरबूज खा, अपनी प्यास बुझाने की उसने सोची।

जैसे ही उसने तरबूज को काटा, पानी की एक अनंत धारा फूट पड़ी, मानो किसी नदी का बाँध टूट गया हो! मिकेरान धारा के प्रवाह में तानाबाता से दूर होता चला गया। तानाबाता पुकारती रही, लेकिन कोशिश करने के बाद भी मिकेरान तानाबाता के निकट पहुँच नहीं सका। अब सब कुछ बेकार था। दोनों नदी के दो किनारों की तरह एक-दूसरे से दूर हो चुके थे। उनके बीच आकाशगंगा बह रही थी। कहते हैं, आकाशगंगा के दो छोर पर दो चमकते तारे मिकेरान और तानाबाता ही हैं। ये दो तारे वर्ष में एक बार आकाशगंगा को पार कर, एक-दूसरे के करीब आ जाते हैं। वही सातवें महीने की सातवीं शाम होती है। सात जुलाई की शाम, जिसे जापान में तानाबाता त्योहार के रूप में बड़ी धूम-

धाम से मनाया जाता है। हर घर, स्कूल, गली-मुहल्लों में रंग-बिरंगे कागज की लड़ियों से बाँस के खम्भों को सजाने से इस दिन का शुभारम्भ होता है।

इस्सुनबोशी

जापान के ह्योगो प्रांत के दक्षिण में एक गाँव था– नानीवा। उस गाँव में अधेड़ उम्र के एक दंपती रहते थे। उनके पास धन-दौलत की कमी न थी। बस, कमी थी तो एक औलाद की। सन्तान न होने की वजह से वे हमेशा दुखी रहते थे। हर रोज भगवान से एक ही प्रार्थना करते थे – 'हे भगवान, तुमने हमें सब कुछ दिया; परन्तु सन्तान न दी। उसके बगैर हमारा जीवन व्यर्थ है। दया करके हमारी सूनी गोद में एक संतान

डालने की कृपा करो, भगवान!'

आखिरकार भगवान ने दंपती की मनोकामना पूरी कर दी। एक दिन उनके घर एक बच्चे ने जन्म लिया। बच्चा देखने में बहुत खूबसूरत था, परन्तु आश्चर्य की बात यह थी कि बच्चा बहुत छोटा था। लगभग तीन इंच के बराबर (जापानी भाषा में इस्सुन)। एक तरफ माता-पिता खुश थे कि उन्हें भगवान ने एक बच्चा दिया; परन्तु दूसरी ओर इतने छोटे बच्चे को देखकर वे थोड़े चिंतित भी थे। माता-पिता ने अपने बच्चे का नाम इस्सुनबोशी रख दिया।

दिन बीते, महीने बीते और इस तरह पाँच साल बीत गए; परन्तु इस्सुनबोशी का कद नहीं बढ़ा।

माता-पिता इस्सुनबोशी की इस अवस्था से बहुत निराश रहने लगे।

'आखिर भगवान ने क्या सोचकर हमें ऐसा पुत्र दिया? इससे क्या फायदा!' यह सोचकर वे अपनी किस्मत को कोसते रहते।

माता-पिता का दुःख इस्सुनबोशी से छिप न सका। वह सोचने लगा – 'मेरे यहाँ रहने से क्या फायदा? इस तरह मैं कब तक अपने माता-पिता को दुख पहुँचाता रहूँगा ? मुझे शहर जाकर कुछ काम ढूँढ़ना चाहिए।'

एक दिन उसने माँ से सुई माँगी। माँ ने हैरान

होकर पूछा, ''क्यों, बेटा, सुई का क्या करोगे?''

''तलवार बनाऊँगा।'' वह तपाक से बोला।

माँ आश्चर्यचकित थी परन्तु बेटे की बात टाल न सकी।

इस्सुनबोशी ने पुआल से तलवार की म्यान और हत्था बनाया। सुई को उसमें लगा कमर में तलवार की तरह बाँध लिया, फिर, उसने माँ से एक कटोरा और एक छोटी लकड़ी माँगी।

''बेटा, इसका क्या करोगे ?'' माँ ने पूछा।

''कटोरे की नाव बना लकड़ी से खेते हुए शहर पहुँचूँगा,'' इस्सुनबोशी ने चतुराई से जवाब दिया।

बेटे की इन बातों से माँ का दिल भर आया। वह बोली, ''बेटा, तुम अभी उम्र में भी छोटे हो और कद में भी। तुम्हारा इस तरह शहर जाना खतरे से खाली नहीं। मेरी मानो तो तुम मत जाओ।''

''नहीं, मैं निश्चय कर चुका हूँ और मुझे कुछ नहीं होगा, यह भी मैं जानता हूँ।'' बेटा तपाक से बोला।

इस्सुनबोशी ने माता-पिता को प्रणाम किया और नाव में बैठ अपनी यात्रा को निकल पड़ा। इस तरह लकड़ी से नाव खेते हुए वह एक बंदरगाह पर रुका। नाव को एक किनारे बाँध शहर की ओर चल पड़ा।

शहर की चकाचौंध और रौनक देख उसकी आँखें फटी-की-फटी रह गईं। चारों ओर भव्य इमारतें थीं।

चलते-चलते उसने सोचा कि राजमहल में काम की तलाश करनी चाहिए। वह महल के अंदर घुसा और बेहिचक महाराज के पास पहुँच गया। बौना था इसलिए इस्सनबोशी पर किसी की नजर भी न पड़ी। वह महाराज से बोला, "महाराज, कृपा करके मुझे अपने महल में रहने की जगह दे दें। बदले में मुझसे जो कुछ भी काम करवाएँ, मैं करने के लिए तैयार हूँ।"

महाराज ने आवाज़ तो सुनी लेकिन बोलने वाला नज़र न आया। वह बोले, "आखिर कौन है जो मुझसे नौकरी माँग रहा है ? सामने क्यों नहीं आते?"

फिर आवाज आई, "महाराज, मैं! मुझे कोई पैरों से कुचल न दे इसलिए दरवाजे के पास इस मेज के नीचे हूँ।"

महाराज मेज के पास गए और झुककर उसके नीचे झाँका तो इस्सुनबोशी को देख जोर-जोर से हँसने लगे। वह बोले, "अरे भाई! तुम तो अंगूठे के बराबर एक छोटे-से जीव हो। तुम भला मेरे क्या काम आओगे!" फिर थोड़ा सोचकर बोले," लेकिन तुम एक अद्भुत इन्सान होने की वजह से हमें बहुत पसन्द आए हो। तुम हमारे यहाँ मेहमान बनकर रह सकते हो।"

महाराज के यहाँ इस्सुनबोशी के दिन बड़े ठाठ से बीतने लगे।

इस तरह महीने बीते और साल बीते। इस्सुनबोशी की उम्र भी बीस वर्ष की हो गई; परन्तु आश्चर्य कि उसका कद नहीं बढ़ा। वह अब भी पहले जैसा ही तीन इंच का इस्सुनबोशी ही था।

महाराज की एक खूबसूरत बेटी थी। इस्सुनबोशी को वह एक नजर में ही भा गई। वह हमेशा सोचता रहता – 'काश! मेरा विवाह इससे हो जाता!'

इस्सुनबोशी था तो बहुत छोटा, परन्तु बहुत दृढ़-निश्चयी। एक बार किसी चीज की ठान लेता तो उसे पूरा करके ही दम लेता था।

वह जानता था कि महाराज अपनी इकलौती बेटी की शादी उस जैसे प्राणी से कभी नहीं करेंगे, इसलिए वह हमेशा राजकुमारी को हासिल करने की तरकीबें सोचता रहता था।

उस दिन राजकुमारी अपने कमरे में गहरी नींद सो रही थी। इस्सुनबोशी ने एक कटोरी में भात लिया और चुपके से राजकुमारी के कमरे में घुसा। उसने पूरा भात राजकुमारी के मुँह के अन्दर ठूँस दिया और फिर उसके बाद खाली कटोरे को एक ओर पटककर ज़ोर-ज़ोर से रोने लगा। तुरन्त ही महाराज वहाँ आ पहुँचे और उससे रोने का कारण पूछा।

"मेरा सारा खाना राजकुमारी ने खा लिया। मैं क्या खाऊं?" वह रोते हुए बोला।

"ऐसा हो ही नहीं सकता। राजकुमारी तुम्हारा खाना क्यों खाएगी? शायद तुम्हें कोई गलतफहमी हुई है।" महाराज ने इस्सुनबोशी को प्यार से समझाते हुए कहा।

"नहीं, नहीं, राजकुमारी ने ही खाया है। यकीन नहीं आता है तो राजकुमारी से पूछ लो," वह सुबकते हुए बोला।

महाराज तुरन्त राजकुमारी की ओर मुड़े। यह क्या! राजकुमारी के मुँह पर सचमुच चावल चिपके पड़े थे। उन्हें इस्सुनबोशी की बातों पर यकीन हो गया। वह जोर से चिल्लाए, "इस्सुनबोशी के हिस्से के चावल खाने वाली इस राजकुमारी को दूर करो मेरी नजरों से!"

'बात बन गई!' इस्सुनबोशी खुशी से बुदबुदाया। तभी राजकुमारी की आँखें खुल गईं। यह देखते ही इस्सुनबोशी ने ऊपर से दुखी भाव व्यक्त करते हुए बोला, "राजकुमारी जी, आपने मेरा खाना खा लिया था इसलिए महाराज ने आदेश दिया है कि मैं आपको यहाँ से कहीं दूर ले जाऊँ।"

"क्या?" राजकुमारी आँखें मलते हुए बोली।

अभी वह पूरी बात समझ भी नहीं पाई थी कि इस्सुनबोशी बोला, "देखो, अब जैसा मैं कहता हूँ, वैसा ही करना। चलो, जल्दी चलो यहाँ से।"

राजकुमारी की आँखों के आगे अँधेरा छा गया। लाचार होकर वह इस्सुनबोशी के साथ महल से बाहर चली गई।

इधर जब महाराज का गुस्सा ठंडा हुआ तो वह तुंरत राजकुमारी के कमरे में गए। राजकुमारी को वहाँ न पाकर वे घबराए। चारों ओर पहरेदार भगाए गए परन्तु तब तक इस्सुनबोशी और राजकुमारी काफी दूर निकल आए थे।

इस्सुनबोशी राजकुमारी के साथ एक अनजान द्वीप में पहुँचा। अभी वे दोनों थोड़ा सुस्ताने के लिए एक जगह बैठे ही थे कि किसी के हँसने की भारी-भरकम आवाज उनके कानों में पड़ी। पीछे मुड़कर उन्होंने देखा तो दो भीमकाय राक्षस खड़े थे। राजकुमारी उन्हें देखकर थर-थर काँपने लगी।

"डरती क्यों हो? मैं हूँ न तुम्हारे साथ!" इस्सुनबोशी ढाढस बँधाते हुए बोला।

एक राक्षस राजकुमारी के करीब आकर बोला, "इतनी खूबसूरत राजकुमारी और यहाँ इस तरह अकेली चलो ! इसको उठा ले चलते हैं।"

"अरे, क्या तुम अन्धे हो जो तुम्हें मैं नहीं दिखा? राजकुमारी अकेली नहीं है, मैं हूँ उसके साथ।" इस्सुनबोशी सिर ऊँचा कर बोला।

यह सुन वे दोनों राक्षस जोर-जोर से ठहाके लगाते

हुए बोले, "अरे, इसे देखो! यह छोटा-सा जीव अपने आपको राजकुमारी का रक्षक बता रहा है!"

"इसे तो मैं अभी निगल जाता हूँ।" एक राक्षस ने यह कहते हुए इस्सुनबोशी को उठाया और तुरन्त मुँह में डाल लिया।

परन्तु यह क्या! इस्सुनबोशी दूसरे ही क्षण राक्षस की आँख के रास्ते से बाहर निकल आया।

"अरे, अरे, बचाओ! दर्द से मर गया!" राक्षस

चिल्लाया।

दूसरे ही पल वह इस्सुनबोशी को पकड़कर फिर से निगल गया; परन्तु यह क्या! इस बार भी इस्सुनबोशी राक्षस की दूसरी आँख से बाहर! राक्षस दर्द से चिल्लाया।

इस बार दूसरे राक्षस ने इस्सुनबोशी को पकड़ा

और निगलते हुए बोला, "मैं बताता हूँ इसको, यह कैसे बाहर निकलता है!" और अपने दोनों हाथों से उसने आँखें बंद कर लीं।

इस्सुनबोशी को कोई फर्क न पड़ा। वह सुई की तलवार से राक्षस के हाथों को चीरता हुआ बाहर निकल गया। राक्षस का दर्द के मारे बुरा हाल था। वह चिल्लाते हुए बोला, "यह छुटकू कोई साधारण नहीं। यहाँ से भाग निकलो, नहीं तो हमारी खैर नहीं।" देखते ही देखते दोनों राक्षस वहाँ से नौ दो ग्यारह हो गए। घबराहट में वे अपनी जादू की छड़ी वहीं छोड़ गए।

इस्सुनबोशी को समझते देर न लगी कि यह किस्मत खोलने वाली छड़ी है। उसने छड़ी को हुक्म दिया, "मेरा कद बढ़ाओ।"

पल भर में इस्सुनबोशी का कद बढ़ा और वह एक नौजवान योद्धा में परिवर्तित हो गया। राजकुमारी यह चमत्कार देखती रह गई।

इस्सुनबोशी ने छड़ी को अपने पास सँभालकर रख लिया। अब तो वह छड़ी से जो माँगता, वही मिल जाता।

उसने राजकुमारी से ब्याह रचाया और एक भव्य महल बनवाकर ठाठ से रहने लगा।

उसकी अमीरी और बहादुरी की चर्चा दूर-दूर तक

फैल गई।

महाराजा के कानों में जब यह खबर पहुँची तो उन्होंने इस्सुनबोशी को अपने दरबार में बुलवाया। तुरंत इस्सुनबोशी को शहर के एक बड़े पद पर नियुक्त कर लिया गया। उसने अपने माता-पिता को भी अपने पास बुला लिया। फिर क्या था! बस, इस्सुनबोशी परिवार के साथ ठाठ से दिन बिताने लगा।

मोमोतारो

दूर एक गाँव में एक बूढ़ा-बूढ़ी रहते थे।

एक दिन बूढ़ा जलावन की लकड़ी इकट्ठा करने पहाड़ पर गया और बुढ़िया कपड़ा धोने नदी की ओर। बुढ़िया नदी के किनारे कपड़े धोने में व्यस्त थी तभी उसने देखा कि नदी में एक आड़ू का फल बहता चला आ रहा है।

बुढ़िया कहने लगी, "फलदार आड़ू इधर आना, खोखला आड़ू उधर जाना।"

आड़ू बुढ़िया की ओर बहता चला आया।

"अरे, यह तो बड़ा ही रसीला लगता है! चलो, घर ले जाकर पति के साथ खाऊँगी।" कहते हुए उसने आड़ू को उठाया और घर आकर पूजा-स्थल पर चढ़ा दिया और फिर बेसब्री से अपने पति का इन्तजार करने लगी।

शाम ढली तो बूढ़ा भी घर लौट आया। बुढ़िया ने पहली ही फुर्सत में बूढ़े को बताया, "सुनो जी, आज एक मजेदार बात हुई। मैं नदी पर कपड़े धो रही थी कि एक बड़ा-सा आड़ू मेरी ओर बहता आया।" कहकर वह आड़ू बूढ़े के पास उठा लाई।

"अरे, यह तो बड़ा स्वादिष्ट आड़ू लगता है! ऐसे आड़ू हमारी नसीब में कहाँ ! चलो, जल्दी से इसे खाते हैं।" यह कहकर बूढे ने एक लकड़ी के पटरे पर उसे रखा और छुरी से उसे काटने ही जा रहा था कि आड़ू अपने-आप बीच से दो टुकड़ों में बँट गया। उसके अन्दर से एक प्यारा-सा बच्चा निकला।

"यह तो कमाल हो गया! आड़ू के अन्दर से एक प्यारा बच्चा निकला! भगवान ने शायद इसे बुढापे में हमारी मदद के लिए भेजा है। इसका क्या नाम रखें?" बूढ़े ने बुढ़िया से पूछा।

"आड़ू (मोमो) से निकला बच्चा है इसलिए इसका नाम मोमोतारो रख देते हैं।"

"हाँ, तुम ठीक कहती हो। आज से इस बच्चे का नाम मोमोतारो है।"

बूढ़ा-बूढ़ी मोमोतारो को बड़े लाड़.प्यार से पालने लगे। वह जैसे-जैसे बड़ा होता गया, बहुत ही सुंदर और बहादुर बनता गया। परन्तु उसकी एक बुरी आदत थी। वह खा-पीकर हमेशा सोया रहता था। काम के नाम पर जी चुराता था।

एक दिन गाँव के बच्चे आए और उसे पुकारने लगे, "मोमोतारो, क्या तुम हमारे साथ पहाड़ पर जलावन की लकड़ी काटने चलोगे?"

"मेरे पास दराँती नहीं है, इसलिए आज नहीं जाऊँगा।" यह कहकर वह फिर से पैर फैलाकर सो गया।

दूसरे दिन भी गाँव के बच्चे उसे बुलाने आए।

"आज मेरे पास लकड़ी के गट्ठर को बाँधने की रस्सी नहीं है, इसलिए नहीं जा सकता।" यह कहकर वह फिर से सोने चला गया।

उसके अगले दिन भी बच्चे मोमोतारो को साथ ले जाने के लिए आए।

"मेरे पास लकड़ी के गट्ठर को कंधे पर लादने का लट्ठा नहीं है, इसलिए भला कैसे जा सकता हूँ?" कहते हुए उसने दोस्तों को टाला और चादर तानकर फिर सो गया।

बच्चे अगले दिन फिर आकर मोमोतारो को अपने साथ ले जाने के लिए आए।

"मोमोतारो, लकड़ी काटने चलोगे हमारे साथ?"

मोमोतारो के पास बहाने की अब और कोई गुंजाइश न थी।

"चलो। कहते हो, तो चलता हूँ।"

इस बार मोमोतारो बच्चों के साथ पहाड़ की ओर चल पड़ा।

परन्तु पहाड़ पर पहुँचकर भी मोमोतारो ने लकड़ी काटने में दोस्तों की मदद नहीं की, बल्कि जब तक बच्चे लकड़ी इकट्ठा करते रहे, वह सोता रहा। यहाँ तक कि शाम ढल आई और वह सोता ही रहा।

आखिरकार जब दोस्तों ने काम खत्म किया तो उन्होंने उसे उठाया, "तारो, उठो, घर जाने का समय हो गया।"

मोमोतारो बड़ी-सी जम्हाई लेता हुआ उठा।

अपने हिस्से की लकड़ी के बदले में उसने पास ही के एक बड़े चीड़ के पेड़ को जड़ से उखाड़ा और कंधे पर लाद चलता बना। बच्चे यह देखकर हैरान हुए; परन्तु मोमोतारो के लिए यह मामूली बात थी। वह पेड़ को इस तरह ले जा रहा था मानो हलका-फुलका गट्ठर हो!

मोमोतारो के गाँव के पास ही ओनीगाशिमा नामक

एक जगह थी। वहाँ एक बहुत ही शैतान राक्षस रहता था। अक्सर गाँव आकर दंगा-फसाद करना उसका पेशा था। सबकी नींद हराम कर रखी थी उसने। गाँव के बच्चों या जानवरों को निशाना बना किसी भी वक्त उन्हें उठा ले जाना एक आम बात हो चली थी।

मोमोतारो को राक्षस की हरकतों का पता चला तो एक दिन वह बूढ़ा-बूढ़ी के पास जाकर बोला, ''माँ, पिताजी, मेरे लिए ढेर सारे चने के लड्डू बना दो।''

''क्यों बेटा, आज अचानक इतने सारे लड्डू का क्या करोगे?'' बूढ़ा-बूढ़ी ने हैरानी से पूछा।

''मैं ओनीगाशिमा जाकर राक्षस का दमन करना चाहता हूँ। चने के लड्डू खाकर मुझमें ताकत आ जाएगी।'' मोमोतारो ने जवाब दिया।

''अच्छा बेटा, ऐसी बात है तो अभी बना देते हैं ढेर सारे लड्डू।'' यह कहकर बूढ़ा-बूढ़ी लड्डू बनाने में जुट गए। उन्हें तारो की अपार शक्ति पर भरोसा तो था, फिर भी राक्षस से भिड़ंत की बात से वे थोड़ा दुखी भी थे।

अगले दिन मोमोतारो पौ फटने के साथ ही अपनी कमर पर लड्डू के गट्ठर बाँध माँ-पिताजी से विदा ले निकल पड़ा – ओनीगाशिमा की ओर। वह थोड़ी ही दूर गया था कि रास्ते में उसे एक कुत्ता मिला, ''कहाँ जा रहे हो?''

''ओनीगाशिमा-राक्षस का दमन करने।''

"तुम्हारी कमर में क्या बँधा है?"

"ये तो चने के लड्डू हैं। एक खाओ तो बहुत अच्छा, दो खाओ तो कड़वा, तीन खाओ तो मिर्चीला, और चार खाओ तो सिर का टोकरा बदले टोकरी में।"

"अच्छा, तो फिर एक मुझे भी खिला दो। मैं तुम्हारे साथ चलूँगा।"

कुत्ते ने एक लड्डू मोमोतारो से माँगकर खाया और वह भी हो लिया उसके साथ। वे दोनों अभी थोड़ी ही दूर चले थे कि उन्हें एक बन्दर मिला।

"मोमोतारो, मोमोतारो, कहाँ जा रहे हो?"

"ओनीगाशिमा-राक्षस को मज़ा चखाने।"

"अच्छा, तुम्हारी कमर पर क्या लटका है?"

"ओह, यह ? यह तो चने के लड्डू हैं। एक खाओ तो अच्छा..."

"ऐसी बात है तो एक मुझे भी दो। मैं भी तुम्हारे साथ चलूँगा।"

बन्दर ने एक लड्डू खाया। मोमोतारो और कुत्ते के साथ बन्दर भी ओनीगाशिमा की ओर चल पड़ा।

वे थोड़ी दूर और आगे बढ़े थे कि रास्ते में एक चिड़िया भी उनके साथ हो ली। इस तरह मोमोतारो अपनी जानवर सेना के साथ ओनीगाशिमा पहुँच गया। परन्तु ओनीगाशिमा के किले का लम्बा-चौड़ा दरवाजा, जो मजबूत लोहे का बना था, बन्द था।

मोमोतारो को सोच में पड़ा देख चिड़िया उड़ती हुई किले के अन्दर गई और दरवाजे को खोल दिया।

बस, फिर क्या था! चारों भागते हुए अन्दर प्रवेश कर गए। इससे पहले कि राक्षस कुछ करता, कुत्ते ने

उछलकर उसके पैर को अपने दाँतों से काट खाया और बन्दर उसकी गर्दन से लटक गया। मोमोतारो ने भी आव. देखा न ताव, लगा अपनी तलवार से वार करने। यह देख राक्षस सकपकाया। उसके तो पाँव ही उखड़ गए। बचने का कोई और रास्ता न देख वह मोमोतारो के पैरों पर गिर पड़ा।

"मोमोतारो, मैंने तो तुम्हारा नाम ही सुना था परन्तु तुम्हारी ताकत का पता आज चला। मुझे माफ कर दो! मैं अब कभी भी गाँव वालों को तंग नहीं करूँगा। मुझे माफ कर दो! मेरे पास जितनी भी धन-दौलत है, वह सब मैं तुम्हारे हवाले करता हूँ, लेकिन मेरी जान बख्श दो!"

मोमोतारो को राक्षस पर दया आ गई। उसने उसे छोड़ दिया। राक्षस की सारी दौलत बाँध वह अपनी सेना के साथ धूम मचाते, कूदते-गाते घर लौटा। गाँव में सभी लोग उनका बेसब्री से इन्तजार कर रहे थे। गाँव पहुँचकर मोमोतारो और उसकी जानवर सेना का काफी सत्कार हुआ।

गरीब बूढ़ा-बूढ़ी अब अपने होनहार, बलवान और अमीर तारो के साथ मज़े से रहने लगे।

टप-टप गुम्बा

एक गाँव में एक बहुत पुराना और छोटा घर था। उसमें एक किसान अपनी पत्नी और पोते के साथ रहता था। पोता बहुत ही चंचल और नटखट था।

किसान के पास एक बहुत शानदार घोड़ा था। घोड़े के बलशाली और फुर्तीले होने की खबर दूर-दूर तक फैली थी।

उसी इलाके के एक चोर ने जब घोड़े की प्रशंसा सुनी तो वह उसे हासिल करने के लिए बेचैन हो

उठा। आखिर हो भी क्यों न ! उसे अपनी ताकत पर गर्व जो था! वह समझता था कि पूरे जापान में न तो उससे तेज भागने वाला कोई है और न ही उससे ताकतवर।

'हाँ, मैं ही तो हूँ जापान का माहिर चोर!' यह सोच-सोचकर वह फूला न समाता। एक दिन घोड़े को चुराने की ठान, चोर चुपके से किसान के अस्तबल में घुसा और उसकी छत पर छिपकर रात होने का इन्तजार करने लगा। एक खूंखार भेड़िया भी घोड़े को खाने के चक्कर में उसी अस्तबल में छुपा हुआ था।

इस तरह चोर और भेड़िया – दोनों एक-दूसरे से बेखबर – एक हीं घोड़े की ताक में, एक ही घर में रात होने का व्याकुलता से इन्तजार कर रहे थे।

धीरे-धीरे रात भी हो चली। किसान की पत्नी हमेशा की तरह पोते को कहानी सुनाकर सुलाने की कोशिश कर रही थी। न मालूम क्यों, आज पोता भी जल्दी नहीं सो रहा था! नटखट तो था ही, इसलिए वह तरह-तरह के सवाल दादी से कर रहा था।

"बताओ न दादी, इस धरती पर इन्सानों में सबसे अधिक खतरनाक कौन है?"

"अच्छा, तो सुनो, इस धरती पर मनुष्यों में सबसे खतरनाक चोर है।"

छत पर छिपे चोर ने जब यह सुना तो उसकी

खुशी का ठिकाना न रहा।

"अच्छा, दादी, अब बताओ, जानवरों में सबसे खतरनाक कौन है?" पोते ने फिर सवाल किया।

"जानवरों में? जानवरों में सबसे खतरनाक तो भेड़िया है!" दादी ने जवाब दिया।

यह सुनकर भेड़िया बहुत खुश हुआ। 'हाँ; हाँ; ठीक कहती हो। मुझसे भयानक जानवर है क्या कोई दूसरा इस दुनिया में?' भेड़िया मन-ही-मन बुदबुदाया।

शायद आज दादी को तंग करने में पोते को भी आनन्द आ रहा था। उसने फिर सवाल किया, "नहीं, दादी, दुनिया में इनसे भी ज्यादा खतरनाक वस्तु जरूर होगी। बताओ न दादी, वह क्या है?"

"अच्छा, सबसे खतरनाक?... हाँ, याद आया। इनसे भी खतरनाक चीज 'टप-टप गुम्बा' है।" दादी बोली, " 'टप.टप गुम्बा' बहुत ही डरावनी चीज है। और ऐसा लगता है कि शायद आज रात तो 'टप.टप गुम्बा' के दर्शन जरूर होंगे। इसलिए तुम जल्दी से सो जाओ।" दादी ने पोते को समझाते हुए कहा।

यह बात सुनते ही चोर और भेड़िया डर के मारे थर-थर काँपने लगे। दोनों को ही आज पहली बार पता चला कि उनसे भी खूँखार चीज इस धरती पर मौजूद है और उसका नाम भी उन्होंने जिन्दगी में पहली बार सुना था।

(लेकिन बच्चो, क्या तुम्हें मालूम है कि आखिर 'टप-टप गुम्बा' है क्या? इसका मतलब बारिश के दिनों में टूटी-फूटी टपकने वाले पुराने घर की छत से है। और तुम तो जानते ही हो कि जापान में बारिश पूरे साल होती रहती है। अब तुम खुद अनुमान लगा सकते हो कि उस घर की क्या हालत होगी जहाँ छत (गुम्बा) से पानी साल-भर टप-टप चूता रहे?)

बारिश बाहर अपना जोर पकड़ रही थी। थोड़ी देर बाद किसान के इस पुराने मकान की छत भी चूने लगी। यह देखकर किसान चिल्लाया, "देखो, आ गया करामाती 'टप-टप गुम्बा'। बस, अब तो खैर नहीं!"

यह सुनना था कि चोर घबराकर धड़ाम से नीचे आ गिरा। लेकिन गिरा जमीन पर नहीं, बल्कि भेड़िये की पीठ पर। अपनी पीठ पर इतनी भारी चीज गिरने से भेड़िया को लगा कि जरूर यह 'टप-टप गुम्बा' ही है। वह भयभीत हो उठा। ठीक उसी तरह चोर के भी यह सोचकर रोंगटे खड़े हो गए कि वह 'टप-टप गुम्बा' के ऊपर ही गिरा है। इस तरह दोनों एक-दूसरे को 'टप-टप गुम्बा' समझ रहे थे।

बाहर घना अँधेरा था और ऊपर से घमासान बारिश। भयग्रस्त चोर और भेड़िया इसी उधेड़बुन में थे कि क्या किया जाए। तभी घबराहट में भेड़िया लगा पूरे दम से भागने। चोर ने भी भेड़िये को पूरे जोर से

पकड़ लिया।

मजेदार बात तो यह थी कि भेड़िया अपनी सारी शक्ति लगाकर इसलिए भाग रहा था कि किसी तरह 'टप-टप गुम्बा', जो उसकी पीठ पर सवार है, गिर जाए और उसका पीछा छूटे; परन्तु चोर यह सोचकर भेड़िये को कसकर पकड़े था कि अगर कहीं वह गिर पड़ा तो 'टप-टप गुम्बा' उसे मारकर खा जाएगा।

थोड़ी देर बाद बारिश भी रुक गई और आसमान साफ हो गया; परन्तु भेड़िया भागता ही रहा। पहाड़ों, घाटियों के बीच वह रात-भर भागता रहा।

इधर पीठ पर चढ़ा चोर छिपने की जगह तलाश कर रहा था। तभी अचानक उसे पेड़ की टहनी दिखाई दी। पेड़ के नीचे आते ही चोर बड़ी कुशलता से टहनी पर लटक गया। किस्मत से पेड़ के तने में एक बहुत बड़ा सूराख था। चोर तेजी से छलाँग लगा उसके अन्दर घुस गया। सूराख काफी गहरा था, जिसकी वजह से चोर को चोट भी लगी, परन्तु वह इस बात से खुश था कि 'टप-टप गुम्बा' से उसका पीछा छूटा। जान बची लाखों पाए!

अपनी पीठ से बोझ हट जाने से भेड़िये को भी राहत मिली। वह पहले से भी तेज रफ्तार से दौड़ता हुआ जंगल पहुँचा। हाँफते-हाँफते उसने खौफ़नाक 'टप-टप गुम्बा' का किस्सा सबको सुनाया। सब हैरान थे कि वह 'टप-टप गुम्बा' आखिर कैसा जानवर है?

जानवरों के बीच एक बन्दर भी बैठा था। वह हमेशा कहता रहता था – 'इस संसार में ऐसी कोई चीज नहीं जिसे मैं नहीं जानता।' डींगें मारना उसकी आदत थी। उसकी इस आदत से जंगल के सभी जानवर परेशान थे। मौका पाते ही एक भालू बोला, "अरे बन्दर भाई, तुम तो बड़े ज्ञानी हो। इसलिए तुम्हें

तो जरूर पता होगा इस जानवर के बारे में!''

बेचारा बन्दर सोच में पड़ गया। उसने ऐसा जानवर देखना तो दूर, नाम तक नहीं सुना था। मगर दोस्तों से यह बात कैसे कहे? वह हर बात जानने का दावा जो करता था! वह आदतन झूठ बोल पड़ा, ''अरे, बड़ा खतरनाक जानवर है। अगर इस तरफ आ गया तो हम सबकी नींद और चैन हराम कर देगा। इसलिए हमें हाथ पर हाथ रखे बैठे नहीं रहना चाहिए। फौरन इससे बचने का हमें उपाय सोचना चाहिए।

सभी इस विचार से सहमत थे।

बस, क्या था ! जानवरों ने उस जगह जाकर पता लगाने का निश्चय किया जहाँ से चोर भेड़िये की पीठ से उतरकर टहनी पर लटक गया था यानी जहाँ 'टप-टप गुम्बा' भेड़िया के पीठ से उतरा था।

भेड़िये ने सबको रास्ता बताया। तुरन्त सभी जानवर उस जगह पर पहुँच गए।

''बस, इसी जगह पर वह मेरी पीठ से गायब हुआ था।'' भेड़िया काँपते स्वर में बोला।

''देखो, कहीं पेड़ के इस सूराख के अन्दर न घुसा हो!'' खरगोश बोला।

इसका पता कैसे लगाया जाए, सभी सोचने लगे।

भालू फिर बोला, ''अरे बन्दर भाई! तुम्हारी इतनी

लम्बी पूँछ किस दिन काम आएगी? जरा सूराख के अन्दर अपनी पूँछ डालकर पता लगाने की कोशिश करो कि वहाँ कोई छुपा तो नहीं!"

अचानक कहे जाने पर बन्दर थोड़ा चौंका; परन्तु इतनी भीड़ के सामने वह इन्कार भी न कर सका। बेचारे बन्दर को मजबूरन अपनी पूँछ सूराख के अन्दर लटकानी पड़ी।

परन्तु बन्दर को क्या मालूम था कि उसके अन्दर फँसा चोर इसी मौके की तलाश में था कि उसे कोई ऐसी चीज मिल जाए जिसके सहारे वह बाहर निकले सके। वह अन्दर पड़े-पड़े अपनी किस्मत को कोस रहा था। उसकी हालत तो वही थी कि आसमान से गिरा और खजूर पर अटका! उसने बाहर निकलने की लाख कोशिश की थी, परन्तु तने का खोखल कुछ अधिक गहरा होने से उसकी हर कोशिश नाकामयाब हो गई थी। तभी उसकी नजर बन्दर की पूँछ पर पड़ी, तो जैसे अन्धे को लाठी का सहारा मिल गया हो!

वह पूँछ को किसी लता की बेल समझकर ऊपर चढ़ने लगा।

पूँछ पकड़े जाने पर बन्दर को दर्द हुआ तो जरूर; परन्तु वह भी समझ गया कि अब हिम्मत हारने से काम नहीं चलेगा। वह जानता था कि अगर उसने पेड़ को मजबूती से न पकड़ा तो गड्ढे में गिर जाएगा,

और फिर 'टप-टप गुम्बा' से उसे कोई नहीं बचा सकेगा। जितनी जोर से चोर उसकी पूँछ खींचता, उतनी ही मजबूती से वह पेड़ को पकड़ता। दर्द इतना असहनीय था कि बन्दर का दम निकला जा रहा था; परन्तु जीने की चाहत उससे भी कहीं अधिक प्रबल थी। शायद यही वजह थी कि इतनी हिम्मत से वह इस भयंकर पीड़ा को भी सह रहा था। बन्दर का मुँह लाल हो चला था।

चोर बाहर निकलने को इतना बेताब था कि पूँछ को खींचने में उसने कोई कसर न रख छोड़ी थी। कहाँ बेचारे बन्दर की पतली पूँछ और कहाँ उससे लटका हृष्ट-पुष्ट चोर!

दोनों ओर से जबरदस्त खींचातानी हो रही थी और अंततः पूँछ ही टूट गई।

पूँछ टूटते ही चोर वापस गड्ढे में सिर के बल गिरा और बन्दर पेड़ के नीचे।

इस दृश्य को देखते ही नीचे खड़े जानवर भयभीत हो भाग खड़े हुए।

बन्दर दोस्तों के पीछे-पीछे भागते हुए कहता जा रहा था, "अरे, मुझे छोड़कर मत जाओ! रुको, मेरा इन्तजार करो!"

परन्तु जानवर तो इतने डर गए थे कि उन्होंने पीछे मुड़कर भी न देखा।

बेचारा बन्दर अपनी छोटी पूँछ और लाल चेहरे को लिए भागता रहा।

कहते हैं, तभी से जापान में बन्दर की पूँछ छोटी और चेहरा लाल हो गया; लेकिन जानवरों को 'टप-टप गुम्बा' का भेद आज तक पता न चल पाया।

●●●

संदर्भ सूची

1. ओजावा तोशियो, निहोन नो मुकाशी बानाशी 1-5, पफुकुइनकान शोतेन, 1995
2. मान्गा निहोन मुकाशी बानाशी, सारा बुन्को, फुतामीशोबो
3. मान्गा निप्पोन मुकाशी बानाशी, तेरेबी मेसाकू येहोनसीरीज, कोदान्शा
4. मात्सुतानी मियोको, निहोन नो मिन्वा 1, दोबुत्सु नो सेकाइ, कादोगावा शोतेन
5. सेकी केइगो, निहोन नो मुकाशी बानाशी (1)-(3), इवानामी बुन्को, इवानामी शोतेन
6. त्सुबोता जोजी, निहोन मुकाशी बानाशी शू, शिनचोबुन्को, शिन्चोशा
7. यानागिता कूनीओ, निहोन नो मुकाशी बानाशी, शिन्चोशा
8. इनादा कोजी एवं इनादा काजुको, निहोन मुकाशी बानाशी ह्याकुसेन, सानसेइदो
9. त्सुबोता जोजी, निहोन नो मुकाशी बानाशी (1-5), काइसेइशा बुन्को, काइसेइशा
10. सातो हारुओ, निहोन दोवा होग्योकुसेन, शोगाक्कान

डा॰ उनीता सच्चिदानन्द द्वारा रूपान्तरित, अनूदित, सम्पादित व रचित और राजकमल प्रकाशन द्वारा प्रकाशित जापानी साहित्य

(मूल और अनूदित शीर्षक हिन्दी व जापानी में)

जापानी लोककथाएं : तसवीर का फेर

日本の民話:タスウィール カ フェール

1.	絵姿女房 (एसुगाता न्योबो)	1. तसवीर का फेर (タスウィールカ フェール)
2.	猿地蔵 (सारु जिजो)	2. नदी में देवता (ナディーメデワタ)
3.	やまた のおろち (यामाता नो ओरोची)	3. छाए बादल (チャーエバダル)
4.	七夕 (तानाबाता)	4. तानाबाता (タナバタ)
5.	一寸法師 (इस्सुनबोशी)	5. इस्सुन बोशी (イッスンボシ)
6.	桃太郎 (मोमोतारो)	6. मोमोतारो (モモタロ)
7.	古屋のもり (फुरुया नो मोरी)	7. टप–टप गुम्बा (タプタプグッムバ)

जापानी लोककथाएं :लोमड़ी की जपमाला

日本の民話:ロムリーキージャプマラー

1.	天福地福 (तेन्बुकुजिबुकु)	1. सपना सच हुआ (サプナサッチフア)
2.	鷹鰕鮫 (ताका एबी सामे)	2. बड़ा कौन (バラコウン)
3.	狐の玉 の取り合い (खित्सुने नो तामा नो तोरिआइ)	3. लोमड़ी की जपमाला (ロムリーキー ジャプマラー)

4.	木仏長者 (किबोतोके चोजा)	4. विश्वास का बल (ウィスワース カバール)
5.	宝下駄 (ताकारा गेता)	5. लुढ़कता खड़ाऊँ (ルラクタカラウン)
6.	五得の教え (गोतोकु नो ओशिए)	6. एक एहसान बढ़ा पांच मान (エクエヘサン バラパンチマン)
7.	鴇の卵 (तोकी नो तामागो)	7. बुज्जा का अण्डा (ブッジャーカアンダ)

पांच चोर
नीइमी नानकिचि
パンチ チョール
新美南吉

1.	花のき村と盗人たち (हानानोकिमुरा तो नुसुबितोताची)	1. पांच चोर (パンチチョール)
2.	おじさんのランプ (ओजीसान नो राम्पु)	2. दादाजी की लालटेन (ダダジキラルテン)
3.	ごんぎつね (गोन गित्सुने)	3. गोन लोमड़ी (ゴンロムリー)
4.	手袋を買いに (तेबुकुरो ओ काई नी)	4. दस्ताने (ダスタネ)

मेरी दीदी: ओका शूज़ो
メリーディーディー
丘 修三

1.	ぼくのお姉さん (बोकु नो ओनेसान)	1. मेरी दीदी (メリーディーディー)
2.	歯型	2. दांतों के निशान

	(हागाता)	(ダントウケーニシャン)
3.	首かざり (कूबी काज़ारी)	3. माला (マラー)

वाशिंगटन पोस्टमार्च: ओका शूज़ो *
ワシングトンポスト.マーチ
丘 修三

1.	あざ (आज़ा)	1. नीले धब्बे (ニレーダッベ)
2.	こおろぎ (कोओरोगी)	2. झींगुर (ジーングル)
3.	ワシントンポスト マーチ (वाशिनटोन पोसुतोमाचि)	3. वाशिंगटन पोस्टमार्च (ワシングトンポスト マーチ)

* अनुवाद योशिको ओकागुची , सम्पादन: डा॰ उनीता सच्चिदानन्द

राक्षस फूट-फूट कर रोया
हामादा हिरोसुके, त्सुबोता जोजी ,मुशानोकोजी सानेआत्सु,
ラクシャシ フートフート カルロヤ
浜田廣介, 坪田譲治, 武者小路実篤

1.	泣いた赤鬼 (नाइता आका ओनी)	1. राक्षस फूटफूट कर रोया (ラクシャシフートフートカルロヤ)
2.	ある島の狐 (आरु शिमा नो खित्सुने)	2. एक द्वीप की लोमड़ी (エクデュイープキロムリー)
3.	狐と葡萄 (खित्सुने तो बुदो)	3. लोमड़ी और अंगूर (ロムリーオウルアングール)
4.	小学生と狐 (श्योगाकुसेइ तो खित्सुने)	4. लोमड़ी की सीख (ロムリーキシーク)

जलपरी

ओगावा मिमेइ, शिमाज़ाकी तोसोन, कोजिमा मासाजिरो

ジャルパリー

小川未明, 島崎藤村,小島政二郎

1. 赤いろうそくと人形 (अ:काइ रोसोकु तो निन्ग्यो)	1. जलपरी (ジャルパリー)
2. 殿様の茶碗 तोनोसामा नो चावान)	2. कटोरी (カトリー)
3. 二人の兄弟 (फुतारी नो क्योदाइ)	3. दो भाई (ドバイー)
4. 笛 (फुए)	4. बांसुरी (バンスリー)

जंगली गुलाब

मियाज़ावा केन्जी , आवा नावाको , ओगावा मिमेइ

ジャンギリーグラブ

小川未明, 宮沢賢治, 安房直子

1. 野ばら (नोबारा)	1. जंगली गुलाब (ジャンギリーグラブ)
2. 白い門のある家 (शिरोइ मोन नो आरु इए)	2. सफेद फाटक का एक घर (サフェーデュファタクカエクガール)
3. 月夜と眼鏡 (त्सुकियो तो मेगाने)	3. चांदनी रात और चश्मा (チャンドニラートオウルチャシマ)
4. 眠い町 (नेमुइ माची)	4. उनींदा शहर (ウニンダシェヘル)
5. 注文の多い料理店 (चूमोन नो ओइ रयोरितेन)	5. अनन्त फ़रमाइशों का भोजनालय (アナントファルマイ

			ショカボジナラヤ)
6.	どんぐりと山猫 (दोनगुरि तो यामानेको)	6.	बन बिलाव (バンビラウ)
7.	狐の窓 (खित्सुने नो मादो)		लोमड़ी की खिड़की (ロムリーキキルキー)

नाक बनी मुसीबत

शिगा नाओया, आकुतागावा रयूनोसुके,
आरिशिमा ताकेओ, मात्सुतानी मियोको

ナクバニムシーバト

志賀直哉,
芥川龍之介, 有島武郎, 松谷みよこ

1.	小僧の神様 (कोज़ो नो कामीसामा)	1.	नन्हे का भगवान (ナンヘカバグワン)
2.	城の崎にて (किनोसाकी निते)	2.	किनोसाकी से (キノサキーセ)
3.	鼻 (हाना)	3.	नाक बनी मुसीबत (ナクバニムシーバト)
4.	一房の葡萄 (हितोफुसा नो बुदो)	4.	अंगूर का एक गुच्छा (アングールカエクグッチャ)
5.	黒猫四代 (कुरोनेको योन्दाइ)	5.	एक और काली बिल्ली (エクオウルカリービッリー)

मृतात्मा का गीत

आबे कोबो, साता इनेको, हायाशी फुमिको

ミリッタトマカギート

安部公房, 佐多稲子, 林富美子

1.	キャラメル工場から (क्यारामेरु कोजो कारा)	1.	कैरैमल कारखाने से (ケレマルカールカーネセー)

2. 死んだ娘が歌った
(शिन्दा मुसुमे गा उतात्ता)

2. मृतात्मा का गीत
(ミリッタトマ
カギート)

3. ふうきんと魚の町
(फूकिन तो उओ नो माची)

3. अकार्डियन
(アコルディヤン)

हथेली-भर कहानियां

कावाबाता यासुनारी *

ハテリーバールカハニヤン

川端康成

1. 秋の雨
(आकी नो आमे)

1. पतझड़ की बारिश
(パトジャルキバ
リシュ)

2. さざん花
(साज़ान्का)

2. पुनर्जन्म
(プナルジャンム)

3. 有難う
(आरीगातो)

3. धन्यवाद
(ダニヤバード)

4. 日向
(हिनाता)

4. धूप
(ドゥープ)

5. 不死
(फुशी)

5. अमर
(アマル)

6. 母の眼
(हाहा नो मे)

6. दृष्टि
(ディリシティー)

7. 玉台
(तामादाइ)

7. बिलियर्ड्स
(ビリヤード)

8. 雀の媒酌
(सुज़ुमे नो बाइशाकू)

8. बिचौलिया
(ビチョリヤ)

9. 夏の靴
(नात्सु नो कुत्सु)

9. जूते
(ジューテ)

10 歴史
(रेकिशि)

10. इतिहास
(イティハス)

11. 胡子盗人

11. चोर

(गुमी नुसुबितो) (チョール)

12. 夜天の微笑 (यातेन नो बिशो) — 12. मुसकान (ムスカン)

13. 雨傘 (आमागासा) — 13. छाता (チャター)

14. 顔 (काओ) — 14. चेहरा (チェヘラ)

15. 喧嘩 (केन्का) — 15. झगड़े (ジャグレ)

* संकलन व सम्पादन: डा॰ उनीता सच्चिदानन्द

जापानी साहित्य दर्शन : मेइजी से शोवा तक

日本文学の旅: 明治から昭和まで

राशोमोन एवं अन्य कहानियाँ : आकुतागावा रयूनोसुके

ラショモンエワムアンヤカハニヤン

芥川龍之介

1. 羅生門 (राशोमोन) — 1. राशोमोन (ラショモン)

2. 蜜柑 (मिकान) — 2. संतरे (サンタレ)

3. 蜘蛛の糸 (कुमो नो इतो) — 3. मकड़ी के जाल का एक तार (マカリケジャルカエクタール)

4. 杜子春 (तोशिशुन) — 4. तोशिशुन (トシシュン)

5. 白 (शिरो) — 5. शिरो (シロ)

सानशोदायु : मोरी ओगाई
サンショウダユ: 森 鴎外

1. 山 सानशोदायु	1. सानशोदायु (サンショウダユ)
2. 高瀬舟 (ताकासेबुने)	2. अंधेरे में एक नाव चलती थी (アンデレメエクナウチャルティーティー)
3. 最後の一句 (साइगो नो इक्कु)	3. आखिरी पंक्ति (アキリパンクティ)

बिन कान का होइची
कोइज़ुमी याकुमो
ビンカンカホイチ
小泉八雲

1. 耳なし芳一のはなし (मिमिनाशि होइची नो हानाशी)	1. बिन कान का होइची (ビンカンカホイチ)
2. 雪おんな (युकि ओन्ना)	2. बर्फ़ सुन्दरी (バルフスンダリー)
3. ものを言うふとん (मोनो ओ इउ फुतोन)	3. बच्चों की रज़ाई (バッチョンーキラシャーイ)
4. 宝石の涙 (होसेकी नो नामिदा)	4. आंसू बने मोती (アンスーバネモティー)
5. みずな (मिज़ुना)	5. कुनीज़ाका की ढलान (クニザカキダラン)
6. かたい約束 (काताइ याकुसोकु)	6. सोएमोन भूला नहीं (ソエモンブーラナヒン)